SKARABUS
oder
„Man lebt nicht nur vom Kohl allein …"

Text: Ruth Petitjean
Bilder: Peter Karlen

In einem grossen Pflanzgarten wachsen viele prächtig runde, sattbeblätterte Kohlköpfe. Schön in Reih und Glied wachsen sie, und das findet eine dicke, gefrässige Raupe, welche hier wohnt, sehr praktisch.

Zufrieden schmatzend wälzt sie sich nämlich von Kohl zu Kohl um sich immer wieder zu bestätigen, dass Kohl wirklich das Allerherrlichste sei, was das Leben zu bieten habe.

Manchmal, wenn sie so viel gefressen hat, dass ihr der grüne Kohlsaft schon zum Maul heraus tropft, rülpst die Raupe vor lauter Behagen. Dann ist sie so glücklich, dass ausgerechnet sie im Kohlkopfparadies leben darf, dass sie sogar laut zu sich selber spricht!

„Es gibt nichts Schöneres und Wichtigeres auf der ganzen Welt, als immerzu Kohl zu fressen, jawohl!", ruft sie am Ende eines herrlich genussreichen Tages sich selber zu. Dazu macht sie einige sehr langsame Beuge- und Streckübungen. Sie will nämlich Platz schaffen für neuen Kohlgenuss am kommenden Morgen.

Dieses Selbstgespräch hat nun zufälligerweise jemand mit angehört! Es ist ein Mistkäfer, welcher mit zierlichen Schrittchen den Kohlkopfreihen entlang krabbelt. Zwischen seinen Vorderbeinchen hält er ein kugelrundes Klümpchen aus Erde und – eben allerlei Mist! Eigentlich will er sich ja beeilen, damit er seine Kugel noch vor Sonnenuntergang in seine Erdhöhle bringen kann. Jetzt bleibt er aber stehen, stützt sich ein wenig auf seiner Kugel ab und blickt neugierig hoch zum nächsten Kohlkopf, von wo er die Stimme der Raupe vernommen hat.

Nun ruft er zur Raupe hinauf: „Hallo! Du dort oben! Glaubst du das wirklich, dass Kohlfressen das Schönste und Wichtigste der Welt sei?"

Die Raupe dehnt sich ein wenig, um über den Rand des Kohlblattes herunter äugen zu können. Etwas erstaunt antwortet sie: „Blöde Frage! Ich glaube das nicht, ich weiss es. Weil es nämlich so ist! Weisst du das denn nicht?"

„Aber, aber", spricht der Mistkäfer eifrig. „Es gibt natürlich viele andere schöne und wichtige Dinge auf dieser Erde, nicht bloss Kohl. Dreh zum Beispiel bloss einmal deinen fetten Nacken ein wenig seitlich, falls du dazu nicht zu faul bist, und schau ganz hoch nach oben. Da wirst du etwas entdecken. Dies kannst du zwar nicht auffressen wie deinen Kohl, doch gefallen wird es dir wohl trotzdem!"

Der Mistkäfer umklammert nun wieder seine kleine Kugel und trollt sich davon. Die Abendsonne lässt seinen Panzer schillern in allen Farben.

Verdutzt schaut ihr die Raupe nach. Sie kann sich nicht vorstellen, dass ihr irgendetwas besser gefallen könnte, als Mampfen und Fressen.

Vor der Nachtruhe nimmt sie, wie immer, nochmals ein Häppchen zu sich. Eigenartig; heute Abend will ihr das Kohlblatt nicht so ganz schmecken. Es ist ja schön frisch und kohlrichtig, aber die Raupe muss plötzlich daran denken, dass es noch andere Freuden geben soll als den Kohl. Das verunsichert sie und sie beschliesst, erst einmal darüber zu schlafen.

Kaum ist die Raupe am anderen Morgen erwacht, verspürt sie auch schon wieder einen enormen Appetit. Gleichzeitig erinnert sie sich an das gestrige Gespräch mit dem Mistkäfer. Und noch bevor sie sich ein Kohlblättchen zwischen die Zähne schiebt, dreht sie ihren Kopf schräg nach oben... jedoch sie kann rein nichts sehen! Die Sonne blendet schon zu stark. Sie blinzelt ein paar mal mit ihren schwarzen Äuglein. Dann beschliesst sie, nach einem ausgiebigen Frühstück den Kohlkopf zu wechseln, auf die andere Seite, wo es nicht blendet.

Das hat aber viel Zeit und Anstrengung gekostet, dieser Seitenwechsel! Ausser Atem ist die Raupe auf dem frischen Kohlkopf angekommen. Sie muss sich ausruhen. Dann muss sie tüchtig zubeissen und fressen. Dann wendet sie nochmals ihren Kopf schräg seitlich nach oben – und erblickt nun eine Blume! In ihrem Kohlacker!

Weit oben, hoch über sämtlichen Kohlköpfen, auf einem langen kräftigen Stängel wiegt sich sanft eine Sonnenblume in der Luft. Die Raupe staunt. Sie muss zugeben, dass die Sonnenblume tatsächlich schön ist. Aber – was soll daran wichtig sein? Wichtig ist und bleibt der Kohl. Und dem wendet sich die Raupe nun wieder hingebungsvoll zu.

Die Raupe ist definitiv umgezogen. Sie wohnt nun ständig auf demselben Kohlkopf. Dieser ist sogar ihr Lieblingskohlkopf geworden, weil es der ist, von welchem aus sie tagsüber immer wieder zur Blume hoch blicken kann, ohne von der Sonne geblendet zu werden. Und das tut sie nun immer öfters, zur Sonnenblume hoch blicken! Sie sieht, wie die Blüte grösser und schwerer wird. Sie sieht, wie sanft sie sich im Wind wiegt. Und sie muss zusehen, wie sie von anderen Lebewesen geradezu umschwärmt wird; Hummeln zum Beispiel, oder Bienen. Und Schmetterlingen.

Manchmal macht sich die Raupe sogar Sorgen um die Blume. Wenn nämlich ein Gewitter aufzieht, wenn es blitzt, donnert und stürmt, wenn der Regen in heftigen Güssen niederprasselt, dann fragt sich die Raupe ganz bang, ob die Blume, auf ihrem hohen Stängel, dies wohl aushalten kann!

Diese Sorge beschäftigt die Raupe sehr, auch wenn sie trotzdem immer weiter Löcher in den Kohl frisst. Da hört sie eines Tages den Mistkäfer vorbei trippeln, wie er unten seine Kugel schiebt. „Hey, Mistkääfer!!", ruft die Raupe, so laut sie kann. Sie hat sogar ein Maul voll Kohl ausgespuckt, damit er sie besser hören kann. Und zum Glück hat er sie gehört!

„Ja, Raupe, was ist denn los? Du scheinst ja ganz aufgeregt zu sein! Übrigens, mein Name ist Scarabäus, bitte."

„Skara - was? Wie kommst du denn auf so etwas?", wundert sich die Raupe. Und sie hat ganz und gar vergessen, was sie eigentlich fragen wollte.

„Scarabäus, bitte", spricht der Käfer würdevoll. Dann belehrt er die unwissende Raupe weiter:

„Mein Name stammt nämlich aus der Zeit der alten Ägypter. Dort wurden meine Vorfahren sehr verehrt. Die schönen Kugeln, welche wir rollen, verglichen die Ägypter mit dem Kommen und Gehen der Sonne. Weil diese jeden Abend im Westen untergeht und am anderen Morgen im Osten wieder erscheint, erinnerte dies die Ägypter an das Leben, welches nie vergehen muss, weil es jeden Tag wieder neu geboren wird. Und so sind wir Scarabäen heute noch stolz darauf, einmal ein so wichtiges Käfervolk gewesen zu sein!"

„Erzähl keinen Mist!", unterbricht die Raupe ziemlich unhöflich, weil Mistkäfer doch vielleicht etwas übertreiben, und weil sie sich daran erinnert, dass sie eigentlich etwas ganz anderes erfahren will.

„Mistkäfer, sag ..."

„Scarabäus, bitte!"

„Also gut. Skarabus, weil du doch so viel weisst, sag mir bitte: halten Sonnenblumen Stürme wohl aus?"

„Hab ich's doch gewusst! Du hast die Blume gern bekommen, wenn auch nicht zum Fressen gern!", lacht der Scarabäus. „Nun gut. Wie ist eigentlich dein Name?"

„Mein Name? Das weiss ich doch nicht. Es ist mir auch egal. Aber, die Sonnenblume ist mir nicht egal!"

„Später. Du musst dringend einen Namen haben. Alles muss einen Namen haben. Ich werde dich Pieris nennen. Das ist lateinisch und bedeutet "Weissling." Weiss, wie die Farbe, nicht etwa von Wissen!"

„Was das bedeutet ist mir gleich. Ich will aber doch wissen, ob die Sonnenblume stark genug ist, wenn es gewittert!"

Wieder hat die Raupe die Belehrungen des Scarabäus unterbrochen. Sie ist eben äusserst ungeduldig geworden, weil der Käfer so gerne über kluge Dinge berichtet, welche sie gar nicht hören will.

Der Scarabäus ist hartnäckig. Er sagt nicht ja und nicht nein zur Gewitterfrage.

Er erzählt von den Jahreszeiten; vom Frühling, welchen Pieris und die Sonnenblume zusammen erlebt haben, vom Sommer, vom Herbst und vom Winter. Er erzählt, dass jetzt Sommer ist, dass es danach aber Herbst werden muss, dass im Herbst der Kohl geerntet wird, dass danach der Winter Einzug halten werde und dass darum die Blumen verblühen müssen.

"V e r b l ü h e n!" und "W i n t e r!" Das tönt so unglaublich, und doch irgendwie unheimlich, dass sich die arme Pieris aufregt und an sämtlichen Raupengliedern zu zittern beginnt. Ziemlich laut, damit der Skarabus merken soll, dass sie ihm nicht glauben will, schreit Pieris: „Solche Geschichten habe ich noch nie gehört! Und ich glaube nur, was ich kenne! „Verblühen", wer hat denn schon so etwas je gesehen?!"

Etwas beleidigt ergreift der Scarabäus seine Kugel, er nickt der Raupe kurz zu und begibt sich hinweg, seiner Erdhöhle zu.

Pieris ist nun vollauf beschäftigt. Sie muss nach wie vor viel fressen. Dann muss sie zur Sonnenblume schauen, sich an ihr freuen und um ihr Wohlergehen besorgt sein. Und denken muss sie auch, viel nachdenken über die Bedeutung eines so sonderbaren Wortes wie „verblühen."

Manchmal, wenn Pieris zur Sonnenblume hinauf schaut, spürt sie ein ganz dumpfes Gefühl, dort wo ihr kleines Raupenherz schlägt. Es ist so etwas wie Wehmut, oder Sehnsucht. Das Haupt der Sonnenblume ist so schwer geworden, dass sie es vornüber neigt, als verbeuge sie sich. Pieris sieht direkt in ein Körbchen voller Sonnenblumenkerne. Sie seufzt: „Oh, wie bist du schön, meine Blume. Ich möchte dir am Liebsten ganz nahe sein, wie diese geflügelten Insekten, welche ich immer mehr beneide!"

Pieris hat beinahe vergessen wie einfach es war, als sie vom Kohlessen allein restlos glücklich war. Jetzt aber ist sie nämlich sehr verliebt.

Eines kühlen Morgens erzittert die Erde, so dass alle Kohlköpfe ins Wanken geraten. Pieris wäre beinahe von ihrem Lieblingskohlkopf herunter gepurzelt, aber im letzten Moment ist sie noch an einem zerlöcherten Blatt hängen geblieben. Sie kriecht unter das Blatt und guckt erschreckt durch eines der Löcher hinaus in den Pflanzgarten. Nun sieht sie es! Wesen mit Riesenfüssen preschen durch den Acker und die prächtigen Kohlköpfe werden links und rechts weggehackt! So rasch sie kann zieht Pieris den Kopf zurück. Sie krümmt sich zusammen und vor lauter Angst bleibt sie ganz reglos. "Herbst", erinnert sie sich und "Ernte" und "Verblühen...?" Und dann denkt sie mit all ihrer Liebe an die Sonnenblume. Sie hofft ganz fest, dass ihr nur ja nichts geschehen möge.

Dann, endlich, nach langer, langer Zeit wird es draussen wieder ruhig. Die Raupe Pieris wartet noch ein wenig, dann klettert sie hinauf auf ihre Kohlkuppe.

Sie erschrickt gewaltig über das, was sie nun zu sehen bekommt. Alle Kohlköpfe sind weg! Braune Erdschollen bedecken den Boden. Ihr eigener Lieblingskohl steht sehr kümmerlich und klein und zernagt allein auf weiter Flur. So zerfressen wie er ist wollte man ihn wohl nicht ernten, zum guten Glück!

Und die Sonnenblume? Pieris wagt kaum sich nach ihr umzuschauen. Langsam wendet sie ihren Kopf schräg nach oben... und was sie zu sehen bekommt, lässt sie dankbar aufjubeln! Die Sonnenblume steht noch! Es kommt Pieris so vor, als lächle sie zu ihr hinunter! Ganz erschöpft von all der Aufregung, aber zufrieden über das grosse Glück, nochmals gut davon gekommen zu sein, schlüpft die kleine erschöpfte Raupe unter das Löcherblatt und schläft tief ein.

Der neue Tag bringt neue Unruhe! Pieris erwacht vom Gezwitscher vieler Vögel. Sie sieht, dass ganze Schwärme ihre geliebte Sonnenblume belagern. Sie umflattern sie und setzen sich sogar nieder auf ihrem schweren Blütenhaupt. Eifrig picken sie nach den gereiften Kernen. Gelbe Blütenblättchen schweben herab zur Erde. Eines fällt direkt auf den Kohlkopf, der kleinen Raupe vor die Füsse. Pieris sieht das Blüten-blättchen an, ganz nahe. Ihre Sehnsucht nach der Blume wird immer grösser. Sie möchte am liebsten am zähen, dicken Stängel der Sonnenblume hoch klettern. Aber Pieris bleibt beim zarten Blütenblättchen sitzen, denn es ist für eine kleine Raupe viel zu gefährlich, in die Nähe der Vögel zu gelangen. Sie ist unglücklich.

An diesem trostlosen Tag würde sich Pieris sogar über einen Besuch von Skarabus freuen! Er könnte reden und reden und sie würde gewiss zuhören heute. Er würde sie ablenken.

Als hätte der Käfer Gedanken lesen können, kommt er schon eifrig angekrabbelt! Er fängt sogleich an mit seinen Belehrungen, und Pieris merkt auch sogleich, dass sie ihn eigentlich immer noch ziemlich eingebildet findet.

„Bitte, Pieris, hör mir gut zu. Jetzt, da bald der Winter kommt, wird es für dich eine grosse Veränderung geben", spricht der Scarabäus. „Ich selber werde den Winter in meiner warmen Höhle verbringen und kann Dich dann nicht mehr besuchen. Darum will ich dir heute noch einiges beibringen, hörst du!"

„Skarabus, sag, was heisst "Verblühen?" Ist das etwas Gefährliches?", fragt Pieris unsicher, weil sie nämlich nicht weiss was das mit dem "Verändern" nun wieder bedeuten soll.

„Schau deine Sonnenblume an. Jetzt, wo es kalt geworden ist, wird sie bald braun und hässlich aussehen. Dann wird sie wahrscheinlich umknicken, denn bis dahin wird sie leider verblüht sein." Es klingt sehr hart, was der Scarabäus da erklären muss.

Pieris kann kaum mehr sprechen vor Schreck. Ganz schwach ist ihre Stimme und sie fragt: „Wird es in diesem Acker keine Sonnenblumen mehr geben? Nie mehr?" Der Scarabäus ist froh, dass er nun etwas hoffnungsvoller antworten kann: „Weisst du, die Vögel lassen immer ein paar Sonnenblumenkerne zu Boden fallen. In den Furchen der Erde überwintern diese, und im Frühling werden daraus ganz gewiss neue Sonnenblumen aufkeimen. Glaube mir! Und du, Pieris, wirst nach deiner grossen Veränderung bis zu den Blüten der Sonnenblumen hinauf gelangen können. Es wird wunderschön sein für euch!"

Pieris fragt sich, ob der Skarabus wirklich keinen "Mist" erzähle. Denn auch das Wort "Veränderung" gefällt ihr gar nicht. „Ich will eigentlich gar nichts verändern! So wie es bis jetzt war ist es gut gewesen. Meistens.", sagt sie ziemlich unwillig. Dann schaut sie zu, wie der Skarabus über die braune Erde zu seiner Höhle krabbelt.

Die Sonnenblume ist gefallen. Die Raupe Pieris will nicht mehr fressen. Der Kohl schmeckt bitter und zäh ist er auch. Der Garten ist öde und leer. Pieris fühlt sich einsam und sie friert. Deshalb wickelt sie sich ein. Sie hängt an einem Seidenfaden in einer kleinen Nische im verholzten Stängel der Sonnenblume und verpuppt sich. Nun schaut nur noch der Kopf heraus. Ihr wird ganz eng.

Da hört sie plötzlich jemanden kichern! Ja! Da lacht doch tatsächlich jemand und sagt: „Hi hi, du siehst ja aus wie eine ägyptische Mumie!"

Gott sei Dank! Es ist der Skarabus. „Hallo mein Freund", sagt die Raupe mit schwachem Stimmlein. „Das tut mir gut, dass du vorbei kommst. Sag, ob ich nun verblühe? Ist das so, wenn man verblüht?"

„Du verblühst nicht, liebe Pieris", sagt der Scarabäus, und er muss wieder ein wenig lächeln. „Blumen verblühen. Dir aber wird es so vorkommen, als ob du tief schlafen würdest. Denn es wird dunkel sein – und eng – und still. Und Zeit wird es nicht mehr geben für dich.

Dann aber wird ein neuer Tag anbrechen. Es wird ganz hell sein – und warm. Und wunderschön wird es sein, denn du wirst deiner Sonnenblume wieder begegnen. So wird es sein."

Diesmal widerspricht Pieris dem Skarabus nicht. „Danke", haucht sie. Und dann wickelt sie auch ihren Kopf ganz ein.

Einige sanfte Schneeflocken schweben herab zur Erde, und der Scarabäus beeilt sich, um rasch in sein gemütliches Winterquartier zu gelangen.

Und wieder ist es Frühling und Sommer geworden. Im Pflanzgarten gedeihen nun Kabisköpfe in Reih und Glied. In einem Winkel sind mehrere wunderschöne Sonnenblumen gewachsen. Goldgelb leuchten sie, so dass es eine wahre Freude ist. In der Erde, nahe bei den Sonnenblumen, steckt noch ein verholzter Stängel schief in der Erde. Und dort tut sich nun etwas!

Die hässliche graugrüne Puppe, welche schon so lange in einer kleinen Nische geborgen war, scheint in Bewegung geraten zu sein! Sie ist geplatzt und dort, am Rückenteil schiebt sich etwas sehr Lebendiges ans Tageslicht. Zuerst zeigt sich der Kopf. Bald blinzeln neugierige Äuglein in die Sonne. Dann stemmt sich ein Körper heraus – und auf feingliedrigen Füsschen balanciert ein neugeborener Schmetterling. Noch kleben seine Flügel ganz zerknittert am Leib. Sorgfältig, ganz sorgfältig beginnt er sie zu entfalten.

Er breitet sie aus – und schaut sie an – und er staunt mal den rechten, mal den linken Flügel an. Es ist, als könne er überhaupt nicht begreifen, dass ihm so etwas Wunderbares geschehe. Sein kleiner Körper erbebt. Sanft bewegt er seine Flügel auf und ab, immer rascher und rascher bewegt er sie. Sie tragen ihn! Er kann fliegen! Er schwingt sich hinaus in die Luft und er fühlt sich so glücklich und frei, dass er sogleich einige Spiralflüge ausprobiert.

Da plötzlich sieht er etwas Herrliches – genau vor seiner Nase! Ganz nah leuchtet die riesige, goldgelbe Pracht einer Blume. Der Schmetterling setzt sich nieder, wahrhaftig auf einer Sonnenblume! Sanft wird er geschaukelt auf der grossen Blüte. Er geniesst dieses berauschende Gefühl der Liebe.

Da erblickt er weit, weit unter sich einen kleinen schillernden Käfer, wie er ein Kügelchen vor sich her schiebt. Der Schmetterling beginnt sich zu erinnern. Er wird ganz aufgeregt vor Freude und er ruft: „Hey, hallo Skarabus! Schau herauf, zu mir! Kennst du mich noch?"

Jetzt dreht der Scarabäus seinen klugen kleinen Kopf schräg nach oben. Und er blinzelt sogar zwei, drei mal, denn der Schmetterling sieht blendend schön aus!

„Aha – ja, natürlich! Nun weiss ich wer du bist! Beinahe begann ich dich zu vermissen. Ich muss schon sagen, du siehst einzigartig und noch viel prächtiger aus, als ich mir vorstellte, Pieris!"

Inzwischen aber hat Pieris, von seiner hohen Warte aus noch etwas entdeckt. Der Skarabus trägt ja auch Flügelchen auf seinem Rücken! Hat er wohl vergessen, dass auch er fliegen könnte? Pieris schwebt ein wenig tiefer herab und setzt sich auf eines der grünen Sonnenblumenblätter. Er ruft dem Skarabus zu, er solle doch zu ihm herauf fliegen!

„Probier's doch einfach", bittet ihn Pieris. „Aber, damit du es schaffst, musst du deine runde Kugel loslassen!"
Nun, das ist gar nicht so einfach. Der fleissige Scarabäus hat schon so manche Kugel gerollt, dass er ganz erdverbunden wurde. Er hat tatsächlich vergessen, dass er früher einmal fliegen konnte!

Ganz vorsichtig lässt er endlich sein Erdkügelchen los, was ihn einiges an Überwindung kostet. Mit den kompakten Flügelchen macht er einige Schwirrübungen – und nach ein paar Anläufen gelingt ihm tatsächlich ein kurzer Flug – hinauf zur Sonnenblume und zu seinem Freund Pieris!